RÉPONSE

A LA DERNIÈRE BROCHURE

DE M. DE CHATEAUBRIAND.

IMPRIMERIE DE MARCHAND DU BREUIL,
ruc de la Harpe, n. 90.

RÉPONSE

A LA DERNIÈRE BROCHURE

DE M. DE CHATEAUBRIAND,

AYANT POUR TITRE :

DE LA NOUVELLE PROPOSITION

RELATIVE AU BANNISSEMENT DE CHARLES X
ET DE SA FAMILLE.

PAR UN SOLDAT.

PRIX : 1 FR. 25 C.

A PARIS,

CHEZ LEVAVASSEUR, LIBRAIRE,

AU PALAIS-ROYAL.

—

1831.

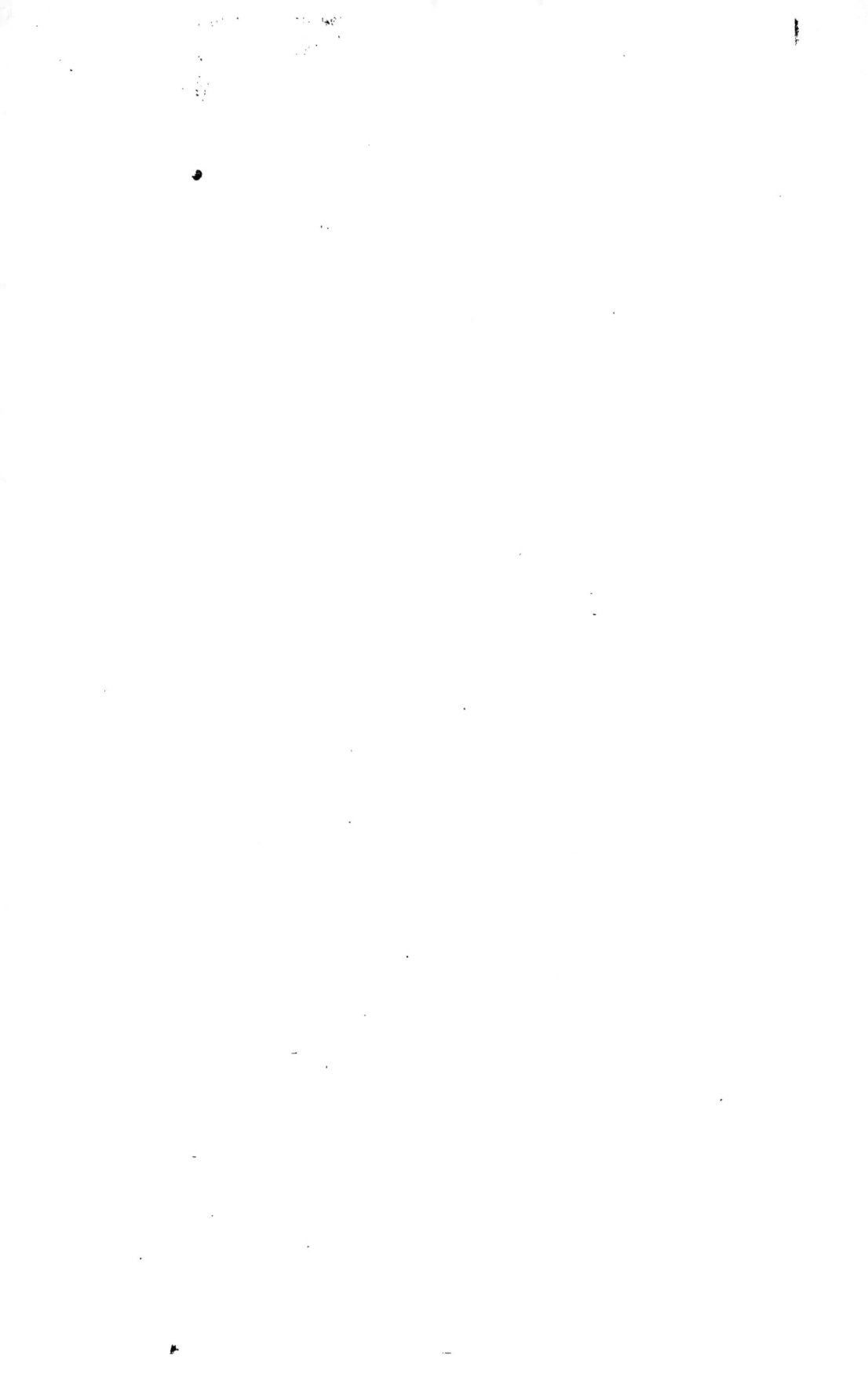

RÉPONSE

A LA DERNIÈRE BROCHURE

DE

M. DE CHATEAUBRIAND.

———————

Le poète des souvenirs, de la gloire passée,
Béranger se taisait depuis long-temps; mais il
reprend sa lyre, et ses premiers chants sont
adressés au noble fugitif que la France entière
redemandait comme un enfant chéri et qui
lui manquait. Ce n'est plus l'ode qui tonne,
éclate jusqu'au pied du trône des rois; ce
n'est plus la satire mordante qui va s'impri-
mer au front de nos vainqueurs d'un jour,

I

parvenus de gloire, jusqu'au milieu de leurs triomphes. Non, ses accens sont doux et plaintifs, c'est une hymne de paix qu'il fait entendre. Étourdis par le bruit des partis, rassasiés des querelles d'opinion, nous crûmes un instant à un nouvel avenir ; cette voix sublime, qui s'élevait pour prêcher, au nom de la patrie, la douce union, l'oubli des haines politiques, nous semblait annoncer un beau jour ; et les yeux tournés vers le Léman, nous attendions pleins d'espérance....., et, dans notre simplicité, nous croyions que ce cœur qui s'éloignait de nous, à ce retentissement de la patrie, allait être saisi d'un indicible bonheur, et se précipiter vers cette patrie qui le rappelait.

Chateaubriand avait fait ses adieux à la France ; en nous quittant il nous avait légué quelques pages ; il gémissait sur le sort de cette famille qu'il avait servie, sur le sort de cette France convalescente d'une révolution. Son ouvrage sur la restauration et sur la monarchie élective manquait, il est vrai, de plan, de logique, ne concluait à rien ; mais la douleur connaît-elle la logique ? et sa douleur était pleine de grandeur et de poésie ! Déjà il avait fait retentir à la tribune ces paroles immortelles, lorsque le *renégat*, se grandissant de toute la hauteur de son génie, demandait compte aux courtisans imbéciles des destinées du royaume qu'ils avaient prétendu tenir dans leurs débiles mains ! Le vertueux Hyde de Neuville aussi avait dit quelques mots, et ces mots étaient bien plus touchans que le magnifique discours du noble pair ; jamais larme plus précieuse ne tomba sur d'augustes malheurs ! Cependant l'indignation de M. de Chateaubriand était bien pardonnable, car elle était bien méritée, et il nous quitta en emportant nos regrets et notre admiration : bref, il avait fait effet ; partout on parlait de lui, et ce silence, dont il nous avait menacés, semblait une nouvelle calamité à ajouter à toutes les calamités qui marchent toujours à la suite d'une révolution, quelque juste qu'elle soit.

Mais aujourd'hui M. de Chauteaubriand a rompu ce silence : voici d'abord la lettre qu'il adresse en réponse à M. de Béranger, et certes ce n'est pas sans étonnement que nous la lisons. Est-ce bien là l'écho que les nobles accens de notre poète devaient trouver sur la terre étrangère !

En vérité, si nous voulions, jetant les yeux en arrière, passer en revue toute la vie du noble pair, il nous serait bien difficile de le suivre à travers ces immenses déserts qu'il a parcourus en pèlerin ; plus difficile encore de nous débrouiller au milieu du dédale de sa vie politique : rien de plus fécond et de plus varié en contrastes ; mais nous ne chercherons pas à opposer le chantre du *Génie du christianisme* à l'auteur d'un ouvrage anti-religieux publié antérieurement à Londres, ni le Chateaubriand de l'empire avec le Chateaubriand de la révolution, ni le rédacteur du *Conservateur* avec le ministre coopérant à la rédaction de la loi sur la septennalité. Ces rapprochemens sont trop faciles, et nous laissons à d'autres le soin de mettre en regard des opinions qui sont tout étonnées d'être sorties de la même plume ; la dernière brochure du noble pair est bien assez riche en contradictions pour que nous n'allions pas en chercher dans le reste de sa vie.

Quelle énigme incompréhensible que ce protée qui sans cesse éblouit et vous échappe ! nous voyons M. de Chateaubriand, obéissant à son génie aventureux, se jeter dans l'émi-

gration, puis revenir auprès du premier consul;
alors, il est vrai, c'était l'*homme envoyé, en
signe de réconciliation, par la Providence
lorsqu'elle se lasse de punir.* Aussi combien ne
lui fait-il pas de coquetteries? mais bientôt il
se brouille avec l'homme de la Providence,
puis se rapproche de lui, et les rapprochemens comme les ruptures entre les deux puissances occupent les cent voix de la renommée, délicieux concert pour l'oreille du noble
pair. Il n'ambitionne les honneurs, les dignités
que pour avoir le plaisir de les répudier; aussi
fait-il de la sédition en petit, et sert toujours
deux maîtres à la fois : le maître qui dispense
les honneurs, les dignités, et la *popularité*, qui
dispense les couronnes civiques et ce qu'on
appelle la gloire.

Bonaparte va tomber; alors paraît l'im-
mortelle brochure intitulée : *de Bonaparte
et des Bourbons,* véritable coup de massue
qui achève le géant, ouvrage monstrueux de
génie, de force et de calomnie; dès lors M. de
Chateaubriand a abdiqué le sceptre de la
littérature, il est déclaré homme politique,
et celui qui se fatiguait du bruit que faisait
le nom de Bonaparte, qui aurait voulu rem-

plir le monde entier de sa renommée, de-
vient bientôt un ministre en sous-ordre :
pair de France en 1815, il s'adresse au roi :
« Ce n'est pas sans émotion, lui dit-il, que
nous venons de voir le commencement de vos
justices..... » Il termine par ces mots : « Nous
ne vous dissimulons pas que le moment est
venu de suspendre le cours de votre inépui-
sable clémence. » En 1822 il est ministre
des relations extérieures; et c'est lui qui,
parlant de Chimène, de l'épée de Rodrigue, etc.,
pousse à la guerre d'Espagne, veut à tout
prix une nouvelle croisade.

Après le rejet à la Chambre des pairs de la
loi sur la réduction des 5 pour 100, il se voit
enlever brutalement son portefeuille : dès lors
il s'est fait libéral; c'est lui qui rédige les *Débats*, journal qui a si puissamment contribué
à la chute des Bourbons..... Mais, encore une
fois, abandonnons M. de Chateaubriand au
milieu de son aventureuse carrière; nous en
aurons bien assez de le suivre à travers les
pages que nous avons sous les yeux.

Et d'abord nous y chercherons avec avidité
quelque idée nouvelle; car l'opposition ne nous
a pas gâtés depuis long-temps par la richesse

des idées, nous espérerons y trouver quelque remède aux maux de notre situation qu'on nous énumère tous les jours si complaisamment......Non, rien de tout cela ; nous avons entendu à satiété tous les argumens qu'on retrouve dans cet opuscule, ils ont fatigué mille fois la patience de la Chambre et de la France entière ; seulement M. de Chateaubriand les a revêtus d'une robe nouvelle , et à force de talent il a cru nous les rendre méconnaissables; il a cru que son génie suffirait pour redonner de la vie à ce qui était mort , et pourrait nous faire prendre pour nouvelles des vieilleries qui , après avoir depuis un an traîné dans les colonnes des journaux , sont venues enfin mourir dans la chambre devant la raison et le dégoût général.

Son ouvrage est un véritable manifeste de guerre; aussi partout cherche-t-il des alliés, et à chacun d'eux il jette quelque lambeau comme un drapeau qu'ils agiteront pour coopérer à l'œuvre commune , le renversement de l'ordre actuel; ainsi tour à tour il est républicain , napoléoniste , légitimiste , et lui-même il prend la peine de nous en avertir. « Quant à moi , qui suis républicain par

nature, monarchiste par raison, et bourbon-
niste par honneur, je me serais beaucoup
mieux arrangé d'une démocratie, si je n'avais
pu conserver la monarchie légitime, que de la
monarchie bâtarde octroyé de je ne sais qui. »

Voici pour les républicains : « Si le gouvernement républicain fût résulté de la révolution de juillet, il aurait mis à l'aise bien
des consciences : en lui prêtant serment,
on n'aurait rien trahi, car c'eût été un changement de principe, et non un roi substitué
à un autre ; il n'y eût pas eu usurpation,
mais un autre ordre de choses. »

Mais on ne sera pas étonné que M. de Chateaubriand réfute lui-même tout aussitôt ce
qu'il vient de dire ; en effet, quand on est tout à
la fois républicain, monarchiste et bourbon-
niste, il n'est pas surprenant qu'on se com-
prenne assez peu soi-même, pour peu qu'on
ne soit pas toutes ces choses-là précisément au
même instant : aussi se dépêche-t-il d'ajouter :

« Il paraît vrai seulement qu'après les journées de juillet, la France ne l'eût pas adop-
tée (la république) ; il paraît encore plus
vrai que nos mœurs ne l'eussent pas soutenue. Les éloges de la terreur et des terro-

ristes avaient épouvanté les esprits et les souvenirs. *Nos parens massacrés se levaient de la*
tombe et nous demandaient si nous allions
boire à la mémoire de leurs bourreaux. »

Voici maintenant pour les impérialistes :

« Le duc de Reichstadt présentait aux
hommes de religion et à ceux que le pré-
jugé du sang domine, ce qui complaisait à
leurs idées, un sacre par les mains du souverain pontife, la noblesse par une fille des
Césars. Je l'ai dit ailleurs, sa mère lui donnait le passé, son père l'avenir. Toute la
France était encore remplie de générations
qui, en reconnaissant Napoléon II, n'auraient fait que revenir à la foi qu'ils avaient
jurée à Napoléon Ier. *L'armée eût reçu avec*
orgueil le descendant des Victoires.....

« Sous le duc de Reichstadt il (le drapeau
national) eût été emporté de nouveau par
les *aigles qui planèrent sur tant de champs*
de bataille, et qui ne prêtent plus leurs
serres et leurs ailes à cet étendard humilié.
Le royaume, redevenu empire, eut retrouvé
une puissante alliance de famille en Alle-
magne, et d'utiles affinités en Italie. »

En passant, faisons une remarque : certai-

nement M. de Chateaubriand a une inconce-
vable magie de style ; mais il nous semble
qu'il court trop après l'effet ; qu'on étudie
bien ses périodes on verra que chacune d'elles
finit par ce qu'on dirait en style de vaude-
ville, le trait obligé; nous en signalerons plus
d'un exemple en continuant l'examen de son
opuscule; aussi a-t-il fait une détestable école;
témoin l'honorable général Lamarque , qui a
bien soin de semer réthoriquement son éloquence de quelques mots dans le genre de
celui-ci par exemple : *Les principes inscrits
sur des boulets vont loin;* témoin l'honorable
maréchal Clausel, qui marche bien loin encore derrière ; son : *Polonais, vous êtes des
braves !!!* a fait fortune, il lui assure l'im-
mortalité. Un créole , homme d'infiniment
d'esprit, me disait il y a quelques jours : Tel
député, fort galant homme du reste, dans le
but de plaire aux habitans de son *endroit*,
peut nous faire en vingt-quatre heures une
loi qui mette à feu et à sang nos colonies.....
Eh bien, souvent dans l'unique but d'arrondir
une période, de la terminer d'une manière
brillante, aux grands applaudissemens des
tribunes et des journaux, tel député s'est

lancé dans un parti à la suite d'un mot, mot
fatal qui l'entraîne dans de fausses routes, de
faux raisonnemens en faux raisonnemens, et
finit par fausser son existence tout entière?
et il ira toujours devant lui, et il ne reculera
pas, car un Français est-il fait pour reculer?
Il se figurera, le pauvre homme, qu'il obéit
à sa conscience, qu'il domine le parti qui ré-
pète ses mots heureux; eh bien, non! il ne
fait que courir après ce mot qui l'a classé,
qui l'a jeté à droite ou à gauche. Il me semble
que si on voulait peindre plusieurs de nos
grands hommes il faudrait les représenter
comme dans ces vieux tableaux d'avant la
renaissance, avec une grande légende leur
sortant de la bouche. Pour l'honorable général Lamarque on pourrait choisir entre la
foi punique, ou le *Sébastiani de la Belgique*, ou autres de la même force.

Mais reprenons M. de Chateaubriand napoléoniste. J'espère que le journal intitulé
la Révolution sera content; au reste, cette
brochure peut défrayer pendant huit jours
la Tribune comme *la Gazette, la Révolution* comme *la Quotidienne*, il y en a pour
tous les goûts, et je ne m'étonnerais nulle-

ment que l'ancien rédacteur du *Mercure*, du *Conservateur*, des *Débats*, n'enrichît quelques jours les colonnes du *National* de ses élucubrations politiques. Maintenant écoutons le noble pair, que son amour si subit et si nouveau pour la famille impériale n'aveugle pas : « Mais, dit-il, l'éducation étrangère du duc de Reichstadt, les principes d'absolutisme qu'il a dû sucer à Vienne, élevaient une barrière entre lui et la nation. On aurait toujours vu un Allemand sur un trône français, toujours soupçonné un cabinet autrichien au fond du cabinet des Tuileries. Le fils eût moins semblé l'héritier de la gloire que du despotisme du père. »

M. de Chateaubriand aurait pu ajouter qu'il nous aurait d'abord fallu conquérir notre souverain, car l'Autriche consentirait bien à nous montrer en perspective le duc de Reichstadt, comme un brandon de guerre civile, mais jamais elle ne nous le donnerait volontairement, car elle sait trop bien qu'avec le jeune fils de Napoléon le parti militaire régnerait en France ; il nous semble aussi que l'histoire nous a assez appris jusqu'à quel

point nous devions compter sur *les puis-*
santes alliances de famille.

L'armée eût reçu avec orgueil le descendant
des victoires ; tout le monde parle de l'armée
sans la connaître ; moi, militaire et y servant
depuis quelque dix-sept années, je crois la
savoir un peu, et je puis assurer que, du moins
à l'époque de la révolution de 1830, elle ne
pensait nullement au duc de Reichstadt. Les
jeunes officiers et ceux qui avaient servi sous
l'empire s'étaient fondus ensemble, faisaient
cause commune, et d'ailleurs ces derniers n'a-
vaient pas eu assez à se louer de la conduite
de leurs anciens généraux, qui, pour la plu-
part, les avaient trahis et abandonnés, pour
désirer les voir revenir au pouvoir ; quant
aux soldats, le nom de Napoléon était souvent
dans leur bouche, mais uniquement comme
un souvenir historique, et ils ne haïssaient
pas plus les nobles de l'ancien régime que
les fils de la noblesse impériale : bref, cette
jeune armée ne pouvait pas être affectionnée
aux Bourbons qui la sacrifiaient à la garde,
et qui, voulant faire du despotisme, n'a-
vaient pas même su se l'attacher, mais elle
était pleine d'ardeur, de bonne volonté,

elle ne demandait que des champs de bataille
pour prouver que bon sang ne ment jamais ;
et que les conscrits de la restauration avaient
un peu de celui qui coulait dans les veines
de leurs anciens ; elle l'a au reste bien prouvé
en Espagne, dont on lui fait aujourd'hui bê-
tement un crime, à Navarin et à Alger, cette
glorieuse expédition, que l'on semblait vouloir passer sous silence ; elle était essentielle-
ment attachée aux institutions de son pays,
et elle l'a bien prouvé en juillet 1830, la garde
par sa répugnance à tirer sur le peuple, et
la ligne en se joignant à lui ; nous le répétons,
à cette époque l'armée ne pensait guères à la
famille impériale, et il nous semble que les généraux de l'empire l'avaient bien aussi un peu
oubliée, lorsqu'ils assiégeaient le pavillon Mar-
san aux jours de réception, lorsqu'ils implo-
raient l'honneur de *servir sous le drapeau*
blanc, et qu'ils juraient, plutôt que de l'aban-
donner, de s'en envelopper comme d'un lin-
ceul. Nous ne savons pas au reste si l'armée,
qu'on a pratiquée en tous sens depuis la révolution, tourne aujourd'hui les yeux vers le
duc de Reichstadt, cela serait possible ; cette
pauvre armée ! elle a été si mal jugée ; elle a

tant souffert; sous la restauration les feuilles de l'opposition la signalaient comme une bande de satellites du despotisme; et pour elle juillet a été un nouveau Waterloo : tombée dans les mains d'un ministre honnête homme, mais faible, et qui ignorait entièrement cette armée, elle était tous les jours représentée à la tribune comme dans un état de désorganisation complète, tandis que c'était lui-même qui la désorganisait, en donnant des primes à la dénonciation, en avançant les sous-officiers qui chassaient leurs officiers : alors ce fut un titre à la défaveur que d'avoir servi avec honneur depuis quinze ans; alors on vit tout comme en 1815 des états de services au conditionnel : *Si j'avais continué à servir depuis* 1814, *je serais actuellement colonel ou général*, et on faisait droit à ces singulières prétentions. Mais que la justice la plus stricte préside aux avancemens et aux faveurs accordées à l'armée, que chacun des individus qui la composent connaisse ses droits et soit sûr de les voir respecter; que la nouvelle loi qu'on discute ne fasse pas regretter celle de M. Gouvion, qui sagement avait limité, en temps de paix, l'avancement

de l'aristocratie (car il y a toujours une aristocratie quoi qu'on fasse, celle des protégés ;
et en temps de paix la durée du service est,
nous croyons, le droit le plus véritable à
l'avancement), et l'armée s'affectionnera à
l'ordre de choses actuel; elle aimera le roi
Louis-Philippe, qui a monté à cheval, autre
part qu'à la parade ; elle aimera ces jeunes
princes pleins de grâce et d'affabilité qui am-
bitionnent l'honneur de marcher à sa tête.

Mais laissons l'armée, et voyons M. de Chateaubriand, qui recrute la sienne dans tous
les partis.

Ce n'est pas encore assez des républicains
et des impérialistes, il va jusqu'à jeter au nez
des Saints-Simoniens un petit pacte d'alliance; voici pour eux :

« L'attaque à la propriété ne tardera pas.
En tout pays la propriété a succombé avec
l'hérédité de la couronne. » Allons, courage!
sus! poussez chacun à l'ouvrage! Mais que
M. de Chateaubriand ne s'y trompe pas : si on
n'a pas défendu une royauté qui se suicidait
elle-même, il n'en serait pas de même de la
propriété. Les propriétaires, les bourgeois
trembleurs, trouveraient peut-être bien quel-

qu'énergie pour se défendre. Le Saint-Si-
monisme n'est pas à craindre; il fera peu de
prosélytes; rêve parfois poétique, il est trop
absurde pour être dangereux, mais il est
amusant, et, pour ma part, je trouve que
cette espèce de prétendue religion est la chose
la plus drôlatique que nous ayons vue depuis
bien des années.

Après nous avoir montré ce que pouvait
être la France impériale ou républicaine, il
nous présente le duc de Bordeaux : « Le sceptre
du jeune Henri, dit-il, soutenu par les mains
de la jeune France, eût mieux valu pour le
repos de cette France, pour le bonheur
même de celui qui règne, qu'une couronne
entortillée à un pavé et lancée d'une fenêtre, couronne trop légère si elle se sépare
de son poids, trop pesante si elle y reste attachée. »

Nous pardonnons à M. de Chateaubriand
cet amour pour l'enfant du miracle, il en est
presque le parrain, n'est-ce pas lui qui rapporta la fameuse bouteille de l'eau du Jourdain qui a servi à baptiser le petit fils de Saint-
Louis ? (il est vrai que jamais bouteille d'eau
ne fut mieux payée, elle rapporta dit-on au

noble pèlerin un cadeau de 200000 fr.;) mais
M. de Chateaubriand ignore-t-il que ce même
peuple qui lui fit la galanterie de *l'emporter*,
vainqueur, dans ses bras aux barricades, hur-
lait au nom seul du duc de Bordeaux? M. de
Châteaubriand n'était sans doute pas à Ram-
bouillet; moi, homme du peuple, je m'y trou-
vais, (bien honteux, je le confesse, d'as-
sister à un pareil lendemain de fête,) et je
puis affirmer que si ce bon peuple avait pu
se jeter sur l'auguste famille, il n'aurait pas
laissé aisément échapper sa proie; il est vrai
qu'un escadron de cavalerie de la garde nous
eût bien vite fait décamper, tout héros que
nous étions, au nombre de cinq à six mille.
La couronne offerte à Louis-Philippe n'est pas,
selon l'expression de M. de Chateaubriand, entortillée à un pavé, lancé par la fenêtre; elle
est bien peut-être une couronne d'épines, im-
posée par la nécessité, mais elle a été saluée
par les acclamations de tout un peuple : et
puis tout ce Paris ne s'était pas dépavé, ce me
semble, pour écraser la tête d'un vieillard pu-
sillanime ou celle d'un faible enfant; ce n'é-
tait pas non plus pour en finir avec quelques
milliers de braves que l'honneur, et bientôt

la nécessité força de combattre; eh grand Dieu, pensez-y donc, noble vicomte, vous n'êtes pas de ces gens qui crient *væ victis;* pensez-y, ces malheureux n'étaient que cinq mille [1] disséminés dans toute une capitale de huit cent mille âmes: et on l'a dit plus d'une fois, s'il y a eu des vaincus, il n'y a pas eu de vainqueurs; puis enfin les pavés ont fait leur effet, ils sont maintenant rentrés dans le repos, et il n'y a plus que dans la province qu'on parle encore de barricades; à Paris on sait qu'il n'y a pas eu de prise du Louvre, pas plus que de prise de la maison de ville, parce que le peuple n'y est entré que lorsque les troupes s'en étaient retirées après en avoir reçu l'ordre; quant aux barricades on sait, malgré tous les beaux tableaux qui nous en ont fait de très-jolies et très-réjouissantes représentations, qu'il n'y en a pas eu d'enlevées, parce qu'en effet elles ne furent en

---

[1] Il a été prouvé, par des pièces authentiques, par les états de situation des différens corps qui ont eu le malheur de figurer dans les affaires de Paris, qu'il n'y eut tout au plus que cinq mille *combattans;* nous ne parlons pas de la ligne, qui, dès le commencement, refusa d'agir.

grande partie construites que le lendemain
de l'évacuation des troupes, et dans la crainte
du retour des gens qui auraient voulu nous
ramener ce jeune prince que vous nous
donnez aujourd'hui comme une panacée universelle à nos maux. Croyez-moi, M. le vicomte, laissez les pavés en repos, il y a de
la boue attachée aux pavés même en juillet,
ne la remuons pas.

Mais à quoi bon chercher à combattre le
noble pair ? n'a-t-il pas pris la peine de se ré-
futer lui-même ? ainsi cet article, consacré à
son auguste filleul, dont il se plaît à énu-
mérer, à la manière de *la Quotidienne*, toutes
les vertus naissantes, est terminé par ces
mots : « Quoi qu'il en soit, ceux qui se trou-
vaient dans le mouvement en juillet ne se
crurent pas devoir arrêter ni à la république,
ni au changement total de race, ni à la légitimité du duc de Reichstadt, ni à celle du
duc de Bordeaux; *force* fut d'en venir à ce
qui existe. »

Oui il n'y eut que ce petit motif en faveur
du trône électif de la branche cadette, la nécessité, bagatelle que cela; la nécessité, elle ne
tient presque pas de place dans ce bas monde !

Mais faisons une concession à M. de Chateaubriand : nous voilà légitimistes avec lui !
Vienne le jeune Moïse promis à la France ;
eh bien ! le duc de Bordeaux a onze ans ; le
roi actuel est comme son plus proche parent
régent de droit : mais le conseil de régence,
qui le composera? et derrière l'enfant du miracle ne voilà-t-il pas toute la séquelle jésui-
tique, toute la ménagerie de l'ancienne cour,
puis enfin sa mère.....? Certes, nous n'avons
pas l'intention d'insulter aux malheurs de
cette jeune princesse... Mais ne voit-on pas
que cette légitimité, cette planche de salut
que vous nous présentez est toute pourrie,
et que vous ne savez pas vous-même comment
l'établir sur le détroit de la Manche pour y
faire passer le royal enfant?

Puis, n'y a-t-il pas une autre légitimité po-
pulaire, celle du duc de Reichstadt? celui-ci
a vingt-un ans, il est le *descendant des victoires :* mais loin de nous cette légitimité qui
ramène les jésuites et les incorrigibles : loin
de nous cette autre légitimité qui nous ra-
mènerait le régime du sabre ; car quoique vous
ayez dit quelque part dans cette brochure que la
liberté, comme l'ancienne royauté, veut être

élevée sur le pavois, et que ses députés sont des soldats, vous savez parfaitement que la liberté ne fleurit pas dans les camps; elle se trouve très-mal des carresses des soldats, ils la violent et ne la fécondent pas.

M. de Chateaubriand a réservé tout son amour, toute son admiration pour son petit héros, mais cette pauvre branche cadette, hélas! comme il la déshérite! « Il est cependant vrai, dit-il, que le roi élu a les qualités qu'il lui a déjà reconnues : expérience, éducation du malheur, goût du travail, facilité de s'exprimer, connaissance des besoins des temps, douceur de mœurs, aversion du sang, des réactions et des vengeances. Il est bien vrai que sa noble et belle famille ajoute un charme à ces qualités précieuses, etc. » Mais baste, qu'est-ce que tout cela? Cela empêche-t-il que « l'on ne possède aujourd'hui, selon l'auteur, un je ne sais quoi qui n'est ni république, ni monarchie, ni légitimité, ni illégitimité; une *quasi-chose* qui tient de tout et de rien, qui ne vit pas, qui ne meurt pas? » et ainsi de suite, on pourrait, avec ce genre de petites oppositions, continuer jusqu'à demain.

Mais voyez un peu ce qu'il y a de pire dans notre position : « Quand la république éclata, on pressentit qu'elle serait brisée contre le despotisme ; quand l'empire surgit, on devina qu'il se noyerait dans la victoire, et de là dans la restauration ; quand la légitimité reprit le pouvoir, on augura qu'elle serait renversée par les idées du siècle. » Cela était consolant ; on savait du moins à quoi s'en tenir. « Mais ici, que peut-on prévoir? Où est l'avenir? quelle sera sa forme? à quelle distance est-il? »

Moi qui, certes, ne suis pas si grand prophète que M. de Chateaubriand, je dirais bien où il voudrait nous mener, où du moins, sans le vouloir, il nous mènerait. Cet avenir, qu'on voudrait nous donner, est bien connu de nous autres, gens du peuple, épiciers et trembleurs, et cet avenir, si on vous laissait faire, c'est un peu de république, l'anarchie, puis la guerre civile, puis la guerre étrangère, et enfin la légitimité, revenant nous imposer un bon petit despotisme tout paternel.

M. de Chateaubriand commence par établir comme un fait, en parlant de 1830 :

« Toute révolution de cette nature qui laisse un peuple plus mal après cette révolution qu'il ne l'était avant, n'authentique pas son acte de naissance. » Eh grand Dieu ! M. de Chateaubriand, ne savez-vous pas que le bien ne se fait pas si vite; que l'influence des meilleures lois, des institutions les plus sages, tarde long-temps à se faire sentir? vous qui, en 1823, parlant de ce que vous vouliez faire, de ce que vous feriez dans le poste où la confiance du souverain vous avait appelé, écriviez : « Mais pour toutes ces choses, il faut plus de temps que monseigneur le dauphin n'en met à prendre les villes; » vous devez savoir que dans les choses d'ici-bas, le temps est un élément qu'il faut faire entrer en ligne de compte. Puis vous avez étudié l'histoire des révolutions; vous n'ignorez pas qu'une révolution est toujours un épouvantable malheur, une perturbation dont le corps social est bien long-temps à se remettre : vous décidez dans votre haute sagesse que le peuple est plus mal après cette révolution qu'il ne l'était auparavant; aurait-il donc été si bien avec la guerre civile? car les ordonnances étaient la guerre civile organisée par toute la France?

Dans le chapitre où vous traitez de notre situation à l'intérieur, ce n'est pas sans un profond étonnement que nous lisons ces mots : « Pourquoi cet armement de la population entière? cet appel continuel à la prudence, à la fermeté, au dévouement de cette garde nationale, sans laquelle on aurait déjà roulé dans l'abîme? Pourquoi ces émeutes répétées? Jamais les ministres de Charles X déployèrent-ils autant de soldats pour ébranler un trône de dix siècles que les ministres de Louis-Philippe pour soutenir un trône de dix mois? Il est vrai qu'on n'a pas fait feu sur les jeunes gens qui ont donné la couronne de juillet; on s'est contenté d'*en assommer discrètement et à petit bruit quelques-uns.* »

Et moi je demanderai pourquoi s'est-il trouvé des fous qui ont cru que la France, parce qu'elle avait fait une révolution, devait aller révolutionner le monde entier; des vieillards qui, oubliant les maux dont ils ont été les témoins et parfois les complices, ont cru se rajeunir en radotant 93 et la conspiration par l'Europe entière? Pourquoi toutes les passions les plus viles, empruntant le langage de l'héroïsme, et parlant sans cesse de la dignité de la France, ont-elles pu égarer quelques malheureux jeunes gens qui voulaient jouer au héros? Pourquoi, enfin, un homme, comme M. de Chateaubriand, va-t-il prêter l'appui de sa plume aux ennemis de sa patrie, et se faire en quelque sorte l'apologiste de l'émeute? Oh! peut-être sur les bords du lac de Genève l'émeute lui est-elle apparue poétique! Mais ici, grand Dieu! s'il avait vu comme nous la boue des rues s'agiter avec la boue des encriers, déborder sur cette malheureuse ville comme un torrent....., ah, noble pair! vous eussiez détourné les yeux! Mais quoi! maintenant vous jetez du Chateanbriand aux viles passions..... Profanation! Et vous ne craignez pas que les vainqueurs de Saint-Germain-l'Auxerrois et de l'archevêché ne ramassent vos pages dans le ruisseau, et les accrochent aux bannières et aux images des saints qu'ils portaient en dérision par les rues, ne mêlent le nom de l'auteur du *Génie du christianisme* à leurs sales orgies?

Les jeunes gens qui ont donné la couronne de iuillet. Oui, il y a eu des jeunes gens qui ont

montré de l'élan, du courage, vertu si facile à
leur âge; mais où sont-ils donc ces jeunes gens
qui ont donné la couronne à Louis-Philppe?
Cette couronne, c'est la capitale qui la lui a
donnée; ce sont les provinces en voyant dans
un morne silence votre royal protégé s'ache-
miner vers la terre d'exil, et en saluant d'acclamations l'avénement de Louis - Philippe;
c'est la France entière; car cette royauté que
vous cherchez à flétrir a eu aussi quelques
belles journées; elle a eu sa fédération au
Champ-de-Mars, lorsque quatre-vingt mille
citoyens sont venus se grouper en armes autour du trône qu'ils juraient de défendre,
plus heureux que leurs pères qui, à la même
place, ont juré, il y a quarante ans, une constitution qui devait bientôt se noyer dans le
sang ! Vous dites qu'on s'est contenté d'*assommer ces jeunes gens*, *dispensateurs de
couronnes, discrètement et à petit bruit ;* mais
vraiment, noble vicomte, c'est une infâme
calomnie. Est-ce donc cette garde nationale
si belle, si grande dans sa patience, qui a fait
le métier de bourreaux clandestins ? Est-ce
cette malheureuse et fidèle armée, ces pauvres
jeunes soldats, qu'on ferait aller au bout du

monde avec le mot d'honneur, et qui se voyaient flétrir par les injures les plus grossières, et salir leurs uniformes par la boue? Il est possible que quelques jeunes gens, ivres des prédications des journalistes, que quelques échappés des bagnes aient été s'écraser contre le rempart d'airain qu'opposait la population armée à ce débordement de fange; mais, je vous le demande encore, est-ce dans la garde nationale, dans l'armée, qu'on a trouvé les *assommeurs* faisant leur affaire *discrètement et à petit bruit?* Vous demandez pourquoi cet immense appareil de forces déployées! Les journalistes, dont vous empruntez le langage, se moquaient aussi de ces tambours retentissant dans toutes les rues de la capitale au moindre mouvement, et cependant ils savaient aussi bien que vous que ces appels aux armes et tout ce bruit ne se faisaient que pour protéger la faiblesse de misérables qui inspiraient autant de pitié que de mépris.

Quelque part M. de Chateaubriand a dit: « D'ailleurs peut-on comparer le peuple de 1831 au peuple de la convention, au peuple de l'empire? n'a-t-il pas fait des progrès en lumières et en raison ? » Cela est possible, mais outre qu'on a de tous temps tenu ce langage quand on voulait le flatter et le perdre, il y a en dehors de ce peuple un autre peuple qui tombe plus bas à mesure que la civilisation s'élève, véritable lèpre qui s'attache au corps social, plantes vénéneuses qui rampent au pied de l'édifice ; ce peuple à part, hideux ramassis, cette populace en un mot, qui n'est pas du tout *sainte*, est toujours la même, disait Rivarol en présence des événemens ; elle n'est ni française, ni anglaise, ni espagnole, elle est populace, c'est-à-dire implacable et cannibale ; cette population en dehors se compose de tous ces êtres qui spéculent sur la bourse du passant ou bien sur les passions de la foule ; elle se compose du filou qui compte sur son adresse, comme du journaliste qui, oubliant sa noble vocation, sème la haine et la désunion, du riche banquier qui lance une fausse nouvelle à la bourse pour faire une hausse ou une baisse, et remplir son porte-feuille de billets de banque, comme du malheureux qui s'occupe à contrefaire ces billets de banque. Pour cette population il n'y a pas de progrès des lumières, mais elle paraît encore plus odieuse, plus dégoûtante à un peuple civilisé ; et le nôtre l'a bien prouvé lorsque, l'arme au bras devant ses boutiques, il voyait passer ces ramassis impurs de gnômes sortis de la terre, conduits par quelques jeunes écervelés ; il les regardait en pitié, et attendait avec patience que le flot boueux fût rentré dans son lit.

Nous allons entrer avec M. de Chateaubriand dans ses considérations sur l'extérieur. Jadis ministre des affaires étrangères, puis ambassadeur, Chateaubriand enfin ! pourrons-nous le suivre dans son vol d'aigle? Hélas ! l'aigle vole terre à terre, il est embarrassé par son bagage d'argumens que nous cennaissons tous, véritables lieux communs dont on nous a saturés.

Le noble vicomte commence par montrer que toutes les puissances de l'Europe se sont agrandies au congrès de Vienne, et que la France n'a rien reçu en compensation, ce que tout le monde, hélas ! sait aussi bien que lui. « Aussi, ajoute-t-il, si les hommes qui conduisent la monarchie élective eussent joint aux plus légères connaissances le moindre sentiment des intérêts du pays, ils auraient saisi une occasion unique de légitimer le nouveau pouvoir, ils auraient fait occuper la Belgique, ils auraient dit à l'Europe : *La Belgique se donne à nous;* nous l'acceptons, non comme conquête, mais comme barrière. » Il nous semble d'abord qu'avant tout, lorsqu'on fait parler la France, il faut lui faire dire des choses qui soient vraies, et lorsque M. de Chateaubriand avance cette assertion que la Belgique se donnait à nous, il sait bien qu'il affirme une chose fausse, qu'il ne répèterait pas à la tribune, crainte de se voir fermer la bouche par un démenti formel et appuyé sur des preuves. M. de Chateaubriand sait parfaitement que si quelques provinces limitrophes ont un intérêt puissant à se réunir à la France, il n'en est pas de même des provinces flamandes, et de Bruxelles, qui, comme capitale, siége du gouvernement et de la révolution à coups de pavés, a une immense influence sur tout le reste de ce pays.

Ensuite nous ne savons pas si s'emparer ainsi d'un pays qui nous appelait comme alliés, mais non comme souverains, eût été un bon moyen de légitimer le nouveau pouvoir.

Le noble pair se moque de la neutralité des Pays-Bas, qui est, dit-il, un de ces mots *nébuleux* à ajouter au dictionnaire des non-sens diplomatiques ; on pourrait aussi dire que son épithète nébuleuse n'est qu'un mot à ajouter à tous ces mots qui ne signifient rien, et dont on fait un jouet dans les mains des partis qui s'en servent long-temps sans jamais avoir su ce qu'ils voulaient dire. Du reste le mot *anglais* revient toujours, Leopold est un préfet *anglais*, un vice-roi *anglais* ; tout comme dans les journaux, qui savent tout aussi bien que M. de Chateaubriand que le roi des Belges, quand même il serait aussi Anglais de cœur qu'on voudra le supposer, ne pourrait jamais l'être de fait, car la Belgique est dans la sphère d'activité de la France, et ne peut se passer d'elle ; mais c'est encore un de ces mots à ajouter à la phraséologie du parti ; et d'ailleurs ce qui nous paraît assez rassurant, c'est que tandis que l'opposition traite à notre chambre la Belgique de province anglaise, en Angleterre l'opposition se plaint hautement de ce qu'elle n'est plus qu'un dé-partement français, de ce que son armée est l'avant-garde de l'armée française, comman-dée par des officiers français.

Le noble pair s'égaie beaucoup sur la situation précaire de la Belgique, royaume sans consistance, sans moyens défensifs : autant vaudrait se plaindre que la nature n'ait pas donné à la Belgique des Pyrénées pour frontières, et vingt ou trente millions d'hommes au lieu de quatre. Ensuite il ajoute qu'elle est frontière des races germaniques et gallo-romaines, ce qui n'est pas exact.

Pour la Pologne : « On supposait, dit l'auteur, que la France était tombée en enfance : on venait lui conter qu'il fallait passer sur le ventre de la Prusse, être victorieux pendant trois ou quatre ans pour arriver à Varsovie; comme si à la guerre un succès sur un point ne délivre pas un autre point attaqué. Une victoire sur le Rhin n'a-t-elle pas vingt fois décidé du sort de l'Italie? »

M. de Chateaubriand va sans doute nous apprendre ce qu'il fallait faire, car jusqu'ici nous n'avons eu de l'opposition que le *Polonais, vous êtes des braves,* du maréchal Clausel; ou les *principes inscrits sur des boulets,* de M. le général Lamarque; ou enfin une croisière dans la Baltique, de M. de Lafayette, qui sans doute ignore qu'on ne peut tenir dans

ces parages que pendant trois à quatre mois
de l'année, qu'en outre il faudrait au moins
un port de relâche dans cette mer où la Rus-
sie a accumulé toute sa marine.

M. de Chateaubriand ne parle pas sérieuse-
ment lorsqu'il ajoute : « Une victoire sur le
Rhin n'a-t-elle pas vingt fois décidé du sort de
l'Italie? » Car il n'est certes pas étonnant
qu'une victoire remportée sur les Autrichiens
sur les bords du Rhin ait décidé du sort de
l'Italie, occupée par les Autrichiens; mais ici
quelle parité y a-t-il, je le demande?

Ainsi M. de Chateaubriand nous laisse dans
l'embarras tout comme ses devanciers, mais il
se tire d'affaire en habile homme: « Les marquis
de la monarchie absolue ont perdu la Pologne
chapeau sous le bras, et les chevaliers de la monarchie élective chapeau bas : il y a progrès. »
Cela est joli, mais, en définitive, ce n'est qu'un
jeu de mots, qu'un calembourg en politique,
et, lorsqu'on lit M. de Chateaubriand, on est
toujours tenté de dire : calembourg, que me
veux-tu?

Il fallait aussi, comme de raison, courir après
toutes les petites populations de l'Italie, aux-
quelles il prenait fantaisie de se révolter: ce-

pendant M. de Chateaubriand se rassure un
peu sur le sort des habitans de la Romagne,
« car, dit-il, Grégoire XVI est tout à la fois un
des hommes les plus savans et un des princes
les plus éclairés de l'Europe : ses sujets ont
tout à espérer de ses lumières et de ses vertus. » Ainsi soit-il ; et que ce pontife travaille
au bonheur et à l'affranchissement de l'Italie,
il le pourra beaucoup plus efficacement que
nos baïonnettes. Puis n'est-ce pas chose co-
mique à voir l'instigateur de la guerre d'Espagne, cet ermite Pierre de l'absolutisme,
prêcher actuellement une croisade en faveur
de la liberté des peuples de l'Italie?

Mais, après tout, n'allez pas croire que M. de
Chateaubriand veuille la guerre, la guerre à
tout prix, la guerre universelle : bien loin de
là. « A Dieu ne plaise, s'écrie-t-il fort comique-
ment, que je me fasse l'apôtre de cette propagande qui prétend, coûte que coûte, sang
et pleurs, anarchie et ruines, établir des institutions pareilles en tous pays ! » Ah! que non;
il veut seulement qu'on s'empare de la Belgique, qu'on délivre l'Italie et la Pologne, et en
passant la principauté de Neufchâtel; peu de
chose en vérité!

Ainsi, nous le voyons, c'est sur les bords du Léman, absolument comme chez nous, mêmes raisonnemens, même argumentation, et les paroles de M. de Chateaubriand nous font l'effet d'un écho de tous ces bruits qui nous ont rebattu les oreilles, et dont nous espérions être délivrés à jamais.

On ne peut pas reprocher, certes, à M. de Chateaubriand d'avoir dissimulé l'état de la pauvre France, il l'a, selon ses expressions, dépouillée, il a mis ses plaies secrètes à nu; on pourrait dire même qu'il s'est acharné à ses plaies, qu'il en a trouvé où il n'y en avait pas, et qu'il l'a faite cent fois plus malade qu'elle n'est; mais à tant de maux le noble pair a trouvé sans doute quelque remède? Oui sans doute. Or, « ce sont seulement quelques députés qui ont forgé une constitution et décerné une couronne, sans mandat spécial, sans avoir consulté la nation : ainsi ce n'est pas le peuple, ni même la législature agissant d'après ses propres règlemens, qui a *broché* l'œuvre. Le peuple de Paris, à l'Hôtel-de-Ville, avait rédigé un programme.... » Ainsi M. de Chateaubriand ne reconnaît pas la royauté de juillet, *véritable moquerie, achevée à Paris,*

en trois coups de rabot, dans une arrière-bou-
tique, quoique des adresses, venues de tous
les coins de la France, aient prouvé qu'on
l'avait prise au sérieux; mais en revanche il
en est encore au programme de l'Hôtel-de-
Ville. Il faut avouer qu'il est bien arriéré :
voilà ce que c'est que de faire de la politique
en Suisse, et J.-B. Rousseau ne fut pas plus
malheureux avec son berebeke koax koax venu
des marais de la Hollande. Le programme de
l'Hôtel-de-Ville nous a toujours paru une sin-
gulière pièce; c'est la pièce qui n'en est pas
une, du moins elle n'a pas été pièce de ré-
sistance, car il y a long-temps qu'on n'en
parle plus, et le plus chétif orateur n'oserait
plus la sortir de son arsenal.

Mais enfin le remède? « Le voici, dit M. de
Chateaubriand, il est infaillible. D'où vient,
messieurs, la faiblesse du système qui vous
régit? évidemment du vice de son origine :
qu'un congrès se rassemble, qu'il vienne, qu'il
prononce ces trois mots : Tout est bien! les
oppositions des principes tombent, la force
gouvernementale est centuplée; jamais plus
beau spectacle n'aurait été donné au monde. »

Puis le roi s'avance ; à lui aussi un petit

discours soufflé par le noble pair, et il dit :
« J'ai d'abord accepté la couronne, afin de
vous sauver de l'anarchie; mais le peuple n'a
pas été consulté, qu'il déclare maintenant
s'il veut que je conserve, ou que je dépose
la couronne. »

Cette idée d'un congrès a été développée
par M. de Cormenin. M. de Cormenin,
l'homme logique, dont la conduite est fort
peu logique, me fait parfaitement l'effet de
ce pédagogue qui armait ou plutôt faussait
nos esprits par ces syllogismes : *Dieu est par-*
tout , partout est un adverbe; ou bien *Un*
tel dit que les Crétois sont des menteurs, or un
tel est un menteur, donc, etc., etc.

Rien de plus faux que la logique du langage appliqué en politique, on arrive tout de
suite dans le domaine de l'absurde, et M. de
Cormenin s'en est fait seigneur suzerain :
M. de Chateaubriand le suit; il a déjà adopté
les formules du maître, seulement avec quelques légères variantes; ainsi la royauté de
juillet n'a pas été *bâclée*, cette fois-ci c'est
brochée qu'il faut lire ; au reste, M. de
Chateaubriand n'est pas heureux lorsqu'il
imite, il y a quelque part : « la France ne s'ac-

commodera pas long-temps d'un semblable *pot au feu*; » certes, le pot au feu ne remplace pas la marmite représentative de feu P. L. Courrier.

M. de Chateaubriand, en proposant son congrès, a oublié sans doute que, quelques pages auparavant, il assurait qu'on avait été obligé de changer tous les employés des administrations, de casser des corps entiers d'officiers, et qu'il nous faisait une pompeuse énumération des forces des carlistes dans l'Ouest et dans le Midi : or il est probable que tous ces carlistes pourraient bien, à l'exemple de M. de Chateaubriand, ne pas dire : Tout est bien ! Les républicains , 'ou du moins les hommes qui se disent républicains , en diraient autant en donnant la main à leurs frères les bonapartistes; les uns criant : vive Napoléon ! les autres , vive la Convention ! Ainsi les partis sont en présence; maintenant *il est temps*, leur dirait-il, comme un très-illustre général le disait à Berton partant pour conspirer; il y aura du sang, mais je m'en lave les mains.

Mais non; « au temps où nous vivons il ne peut plus y avoir que des guerres civiles entre

des idées et des opinions diverses: les plus
fortes et les mieux conduites tueront les autres et règneront. » Ainsi il n'y aura plus que
de l'encre, et non plus de sang à verser dans
nos dissensions intestines ; le noble vicomte
nous en est garant. C'est ainsi, et avec non
moins de justesse, qu'après avoir, dans son
humeur belliqueuse, voulu envahir la Belgique, étendre son protectorat sur l'Italie, sur
la Pologne, il s'écriait : « A Dieu ne plaise que
je me fasse l'apôtre de cette propagande, etc. »

Enfin M. de Chateaubriand termine, comme
dans sa précédente brochure, par déclarer
que si l'étranger, se servant du nom du duc
de Bordeaux, venait à marcher contre nous,
« il lui resterait, il l'espère, assez de forces
pour mourir dans les rangs de ses concitoyens,
mais avant de tomber il aurait combattu, etc. »

Mais, comme nous l'avons dit, cette noble
protestation contre l'étranger couronnait les
adieux qu'il faisait à la France, et maintenant
nous reconnaissons trop bien que c'est le mot
d'ordre du parti, que c'est une jonglerie politique. Que nous importe que M. de Chateaubriand marche contre les ennemis de la
France, s'il a tout fait pour les appeler? Que

nous importe qu'il.nous assure que, la civilisation étant très-avancée, il n'y a plus de
guerre civile possible, s'il fait tout pour y
pousser et pour en doter son pays?

Nous avions oublié de dire que cette brochure est faite à propos du nouveau projet
de loi relatif au bannissement de Charles X.
et de sa famille, car Charles X et sa famille et
son bannissement n'en sont que le prétexte ;
cependant nous voyons en tête d'un chapitre :
« Si dans le cas d'une défense personnelle le
gouvernement actuel a pu tuer et proscrire
en juillet 1830, le peut-il en octobre 1831,
qu'il n'est pas attaqué , et que son mandat
politique ne lui a été continué ni par la sou-
veraineté de la gloire, etc.? » En vérité, nous ne
savons pas quand le gouvernement depuis juillet a tué ou proscrit ; certes, on ne peut pas du
moins l'accuser de rigueur. Aussi nous ne
nous arrêterons pas sur cette phrase : «Qu'on
emmanche le fer de Louvel dans une loi pour
frapper la veuve du duc de Berri; quant au
jeune Henri, s'il n'a pas les années requises
pour l'échafaud, n'êtes-vous pas les maîtres ?
accordez-lui une dispense d'âge pour mourir.»
Ce n'est qu'un luxe d'hyperbole ridicule. Puis

d'ailleurs cette proposition , qui aura servi du moins au titre d'une nouvelle brochure, a été faite par M. Baude à la chambre des députés, puis soutenue dans cette session par M. de Briqueville; ainsi elle ne peut être imputée au gouvernement, qui n'y a pris aucune part.

« Et vous arrachez Louis-Philippe, s'écrie M. de Chateaubriand, à ses foyers domestiques, à lui si chers, pour lesquels il exprimait des regrets si touchans !

« Eh bien ! dans ce château funeste, au lieu d'une couche innocente , sans insomnie , sans remords, sans apparition, qu'a trouvé votre prince? un trône vide qui lui présente un *spectre décapité portant dans sa main sanglante la tête d'un autre spectre.* »

Que voulez-vous dire avec cette grappe de spectres entés l'un sur l'autre ? odieuse fantasmagorie, ou plutôt infâme jonglerie , voudriez-vous aussi, noble pèlerin, faire le spectre, et croyez-vous troubler le sommeil de Louis-Philippe en faisant passer devant ses yeux la lanterne magique de notre lugubre histoire? Oui, Philippe reposera en paix sur la couche mouillée par les larmes du roi-martyr, car il sait que la couronne qu'il s'est laissé imposer peut aussi être la palme du martyr, et cette crainte ne l'a pas fait reculer : à côté des spectres que vous évoquez à grand bruit, n'aura-t-il pas aussi son génie familier, sa conscience d'honnête homme, qui fermera ses yeux fatigués par les travaux et les soucis de la journée? Oui, il peut reposer sa tête sur cet oreiller où fermentèrent tant d'idées gigantesques, d'agrandissement, de domination et de gloire ; car il n'aura pas à craindre qu'à son réveil une tempête ait tout bouleversé, et que cette France appauvrie d'hommes, distendue outre mesure, ne s'affaisse ou ne se partage comme un édifice mal solide. Oui, le roi Louis-Philippe pourra reposer sa tête sur cet oreiller où le bon Charles rêvait le son du cor et le retentissement de l'alali dans les bois; s'il rêve, ce ne sera pas du moins le dépeuplement des forêts, ce sera le bonheur de son pays.

S'il faut dire toute notre pensée, et elle nous vient de la lecture attentive de cette brochure, M. de Chateaubriand ne tient guère plus aux Bourbons qu'à la famille impériale, à laquelle il étend aujourd'hui son patronage, corroboré de pièces à l'appui, de lettres à l'ex-roi Jérôme ou à la princesse telle ou telle; comme s'il nous importait beaucoup, en présence des événemens, de savoir ce que M. de Chateaubriand disait ou écrivait en 1829.

La passion dominante du noble vicomte a été de briller sur la scène du monde; aussi tout pour lui a été un rôle. Il cherche son théâtre, il s'y carre, il s'arrange, se drape de manière à faire une belle entrée, après s'être ménagé d'avance une sortie à effet, pour avoir l'indicible bonheur d'entendre derrière la toile les applaudissemens du parterre ébahi. Il a essayé de tous les personnages, de tous les costumes; jadis pèlerin, il se mit à chanter des litanies, dans un temps de réaction contre l'irréligion; puis le voilà sacrifiant à la tête de comparses à l'idole du jour; mais l'idole tombe, et il met le pied dessus : à Gand il est le martyr de la fidélité; plus tard les obsèques de Foy et les lauriers déposés sur la tombe de l'éloquent orateur et de l'homme de bien, l'empêchent de dormir; aujourd'hui il se fait le champion de la légitimité, et son amour pour les Bourbons lui sert d'attitude. Il a jadis ambitionné un succès de sacristie, une bouteille d'eau du Jourdain à la main, et aujour-

d'hui que les farces politiques se jouent en
public, dans la rue, il ne dédaigne pas même
les tréteaux, il y monte et nous parle *d'une
monarchie terminée en trois coups de rabot
dans une arrière-boutique*, ou bien il s'écrie :
*Quand ils auront fait tomber mon chef,
qu'ils regardent dans ma tête et dans ma
poche, ils trouveront l'une pleine de projets
de liberté et de gloire pour ma patrie, avec
Henri V, l'autre vide*, ce qu'un mauvais plai-
sant traduisait par cette prose vulgaire : laissez ma tête sur mes épaules (ce que certes
on ne lui refusera pas), et emplissez-moi ma
poche, ce qui serait aussi difficile que d'em-
plir l'urne des Danaïdes.

Que de pénibles réflexions viennent vous
assaillir en foule en lisant cet écrit! on se
sent saisi d'un mortel découragement; et
qu'est-ce donc qu'un grand génie s'il ne peut
pas même percer cette atmosphère de popularité factice que quelques flatteurs soufflent
autour de lui, si une tête si vaste tourne à
l'encens que quelques imbéciles ou quelques
méchans lui font fumer au nez? Qu'est-ce donc
que le génie qui peut-être condamné à se
survivre, qui n'a plus de force, de jet, qui se

reprend à lui-même comme la toile dont une maille échappe ? Voyez cette œuvre de force tout à la fois et de faiblesse, de force sans dignité parce qu'elle est fébrile et convulsive, de faiblesse qui n'inspire pas d'intérêt parce qu'elle est, moins la grâce, celle d'un enfant boudeur qui bat sa mère qui le rappelle dans ses bras : eh bien ! à chaque instant le grand homme est forcé de se répéter : *Je disais dans le temps...*, *dans mon voyage à Jérusalem...*, *je l'ai dit ailleurs...;* il n'y a plus de verdeur, de jeunesse, déjà il a vécu.....

Mais non, ô grand homme! non, la France ne t'a pas encore perdu ; mais ne viens pas te mêler à ses débats, ce n'est pas là ta place. Hélas ! ce ne sont pas les idées qui se heurtent, qui se font la guerre, ce sont les forces matérielles qui sont aux prises, et qui sont descendues dans la rue; c'est celui qui n'a rien contre celui qui possède. Ah! quitte cette terre de boue ; tu n'y trouverais pas de poésie; et déjà les hommages de quelques misérables journaux, outrageux concert, flétrissent tes cheveux blancs! Ah! bien plutôt, quitte cette arène de discussions, où tu te rapetisses; redis-nous tes souvenirs du nouveau

monde, ô toi, l'homme des grands souvenirs ; plane encore avec tes ailes déployées
au-dessus des temps ; c'est à toi qu'il appar-
tient de nous tracer des sillons lumineux à
travers leur nuit, à toi de poser des bornes
milliaires sur la route de la civilisation, dans
tes esquisses aussi impérissables que les fres-
ques de Michel-Ange ! Ah ! alors, agenouillés,
nous t'adorerons.

Et si on me demandait : qui es-tu donc,
toi qui oses t'attaquer à Chateaubriand? Je
répondrais : Je suis un homme du peuple
qui, s'il n'attache pas son nom à ces feuilles
écrites à la hâte, s'il se cache derrière l'ano-
nyme, ce n'est pas par peur, car jusqu'ici
elle l'a peu empêché de dormir, mais c'est
parce que son nom est aussi obscur, aussi
inconnu que celui de Chateaubriand est grand
et radieux ; un homme du peuple, orphelin
dans ce bas-monde, sans parens en place,
sans coterie, mais qui aime sa patrie comme
une mère, comme sa divinité, et qui croit
que les erreurs du génie sont de vraies calamités publiques parce qu'elles égarent des
masses entières.

Dans cette ère de liberté générale, de liberté

de la presse, tremblerons - nous donc devant
une demi-douzaine d'écrivailleurs qui ont le
privilége de semer le ridicule, et quelques écla-
boussures d'encre nous feront-elles peur? Sin-
gulière nation, où, dit-on, l'esprit court les
rues, et si stupidement se laisse mener par des
mots. Dans la révolution ce fut le mot *aristocratie* qui fut placé comme épouvantail, et ils
ont cherché à le baigner dans le sang, mais
on n'a jamais pu extirper le monstre; car tout
homme est toujours un aristocrate pour celui
qui est placé à un échelon inférieur; puis le
modérantisme devint bientôt un titre de mort
et de proscription, car l'*enragé* de *modéré*
n'est pas nouveau; puis enfin le *négociantisme*
sous Robespierre fut déclaré pire que le
royalisme : aujourd'hui le mot *quasi* joue un
grand rôle, et *juste milieu* est la conclusion,
la péroraison, la pièce de conviction de plus
d'un raisonnement. Eh bien, nous, nous osons
le dire, nous sommes du juste milieu, parce
que nous croyons que les lois de rigueur et
d'exception n'ont jamais donné de force à un
gouvernement; parce que nous croyons que
l'arbre de la liberté ne croît pas dans les
camps, et encore moins à l'ombre des guillo-

tines ; nous sommes des enragés de modérés parce que nous voulons que nos ennemis, quels qu'ils soient, ne s'y trompent pas, et qu'ils ne prennent pas notre modération pour de la couardise : bien plus encore, et par le temps qui court il faut du courage pour le dire, nous aimons Louis-Philippe, qui cependant ne nous a jamais donné ni grades , ni croix, ni même de poignées de main , mais parce que nous le regardons comme le seul homme qui puisse s'interposer entre les ambitions et sauver la France ; parce que nous croyons en lui, en ses vertus, en son désir profond de faire le bonheur de la France , et en ses bonnes mais chimériques intentions de nous donner autant de libertés que nous en puissions porter, comme si on pouvait donner aux nations comme aux enfans toute la liberté qu'ils demandent. Nous aimons même sa nombreuse famille, brillans rejetons, parce qu'ils ont été élevés comme nos enfans, et parce que *uno avulso non deficit alter*. Lorsque la branche cadette des Bourbons, lorsque le roi Philippe, entouré de sa famille, sera bien assis sur ce trône (ce que nous espérons voir bientôt pour le bonheur de la France), ah ! alors nous ne lui parlerons plus de notre amour, en paix nous jouirons de la paix et du repos qu'il nous aura faits.

Trop jeune pour avoir vu la révolution de 93, qu'on a voulu un instant parodier en 1830, nous en avons assez de la révolution de juillet, quelque glorieuse, quelqu'instantanée qu'elle ait été : un écrivain l'a dit : il faut avoir vu une révolution pour apprendre à mépriser le genre humain sans retour ; et depuis la nôtre, le mépris s'étend en vérité comme une tache d'huile. De ces hommes que nous écoutions avec transport, lorsque, pleins de chaleur et d'éloquence, ils réclamaient des institutions pour leur pays, que nous admirions alors...... combien y en a-t-il qui ont jeté un masque incommode ? ils ne travaillaient pas pour le bonheur de leur pays, mais pour une vaine popularité; ils s'inquiétaient peu de fonder une liberté durable ; ils ne cherchaient qu'à renverser le pouvoir, dans l'espérance d'en hériter. Que de prétentions blessées qui se plaignent bien haut, que de petites passions qui croient se grandir à force de bruit! Voyez aussi comme l'opposition de nos jours est maigre en talens, combien son allure est embarrassée, maladroite; et cependant à ces hommes de paroles et d'audace le talent ne manque pas, il ne leur a pas été retiré tout-à-coup; mais on sent qu'ils n'osent pas tout dire, car ils savent trop bien qu'ils effrayeraient la France entière, et que les honnêtes gens qui marchent avec eux (et le nombre en est grand sans doute) se retireraient bien vite s'ils pouvaient approfondir toute leur pensée, et voir où ils veulent en venir. Que le roi élu par la loi suprême, celle du salut du peuple, légitimé par l'assentiment de la France entière, que ce roi martyr de la France oublie les ombrages de Neuilly et le doux repos de la vie privée; sa vie est désormais une vie de sacrifices, dont tous les momens nous appartiennent; tournant le dos au passé et divorçant pour jamais avec la France de 93 comme avec celle de l'empire, qu'il marche en avant, s'appuyant sur la France de 1830, et cette France ne l'abandonnera pas; qu'il plante son drapeau au milieu de la nation qui a fait une révolution pour avoir la Charte et un roi qui voulût la Charte, et la nation se ralliera autour de son trône, ou périra avec lui !

FIN.

www.ingramcontent.com/pod-product-compliance
Lightning Source LLC
LaVergne TN
LVHW022032080426

835513LV00009B/989